Barbara Wilson

Utilizar uma estrutura RTI para garantir o sucesso do aluno

Barbara Wilson

Utilizar uma estrutura RTI para garantir o sucesso do aluno

Um estudo sobre o sucesso de uma equipa de liderança com RTI

ScienciaScripts

Imprint

Cover image: www.ingimage.com

This book is a translation from the original published under ISBN 978-3-659-85558-0.

Publisher:
Sciencia Scripts
is a trademark of
Dodo Books Indian Ocean Ltd. and OmniScriptum S.R.L publishing group

120 High Road, East Finchley, London, N2 9ED, United Kingdom
Str. Armeneasca 28/1, office 1, Chisinau MD-2012, Republic of Moldova, Europe
Managing Directors: Ieva Konstantinova, Victoria Ursu
info@omniscriptum.com

Printed at: see last page
ISBN: 978-620-8-41199-2

Índice:

Capítulo 1	5
Capítulo 2	15
Capítulo 3	19
Capítulo 4	31
Capítulo 5	43

Utilizar uma Estrutura de Resposta à Intervenção (RTI) para Garantir o Sucesso do Aluno, Um Estudo do Sucesso de uma Equipa de Liderança com RTI

Dra. Barbara R. Wilson

Resumo

A resposta à intervenção (RTI) tem sido um formato recomendado para a eficácia da escola há mais de uma década. Este artigo transmite as reflexões de uma equipa de liderança sobre o seu percurso utilizando a RTI como meio de reforma do sistema conducente à melhoria da escola. Utilizou-se uma metodologia de estudo de caso, criando uma narrativa do processo e do conteúdo adquirido durante a implementação de um sistema de apoio a vários níveis para níveis elevados de aprendizagem dos alunos. Um grupo de quatro líderes, activos no processo de implementação do RTI na escola selecionada, reuniu-se mensalmente durante um período de 2 anos para refletir e documentar o processo e a aprendizagem adquiridos durante a implementação de uma estrutura RTI. Este artigo descreve as provas do crescimento documentado da aprendizagem dos alunos, a melhoria da eficácia do sistema e a compreensão colectiva da aprendizagem adquirida à medida que nos envolvemos numa mudança significativa do sistema. Os elementos mais importantes para a implementação eficaz de uma estrutura RTI identificados na nossa investigação são a criação de uma cultura de colaboração, o alinhamento de sistemas e estruturas para apoiar a aprendizagem dos alunos e a adoção de uma mentalidade de melhoria contínua. Foi criada uma rubrica para cada um destes três temas centrais, descrevendo os conceitos básicos e as acções de liderança necessárias para implementar e sustentar a área temática. A implementação bem sucedida do RTI é extremamente importante para os esforços em curso para melhorar a educação de todas as crianças na América. Para tal, será necessária uma reforma educativa. Considerámos que o RTI é um modelo eficaz para impulsionar a reforma.

Palavras-chave: eficácia escolar, Resposta à Intervenção (RTI), liderança da mudança, reflexão, cultura de colaboração, liderança partilhada

Capítulo 1

Compreender uma estrutura de resposta à intervenção

A resposta à intervenção (RTI) tem sido um formato recomendado para a eficácia da escola há mais de uma década. A partir de 1965, foram identificadas no sistema escolar público americano lacunas educativas que revelavam resultados de aprendizagem díspares para grupos de alunos com base na raça, estatuto socioeconómico e estilo de aprendizagem, o que deu origem a protestos públicos e a um apelo à ação. Um processo de reforma do sistema para resolver as desigualdades nos resultados de aprendizagem dos alunos tem sido repetidamente solicitado em recomendações políticas federais, estatais e locais. Especificamente, foi destacado um modelo de intervenção e serviços de apoio a vários níveis para todos os alunos. Durante 5 anos, o autor deste artigo trabalhou numa escola primária quase típica de um sistema escolar rural/suburbano, implementando um sistema de apoio a vários níveis para todos os alunos, tipicamente encaminhados para o RTI. O objetivo da direção e dos educadores profissionais ao longo do processo de implementação era melhorar a aprendizagem de cada aluno, aperfeiçoando as competências de instrução e colaboração de todo o pessoal que trabalhava na escola. Este artigo transmite o caminho percorrido e as reflexões sobre as principais aprendizagens adquiridas à medida que nos empenhámos em utilizar o RTI como um meio de reforma do sistema. Utilizou-se uma metodologia de estudo de caso, criando uma narrativa do processo e do conteúdo adquirido durante a implementação de um sistema de apoio a vários níveis para níveis elevados de aprendizagem dos alunos. As provas de sucesso serão partilhadas, bem como as recomendações para os profissionais empenhados na implementação de um quadro de "sucesso para todos", como o RTI, no seu sistema escolar.

Contexto

A RTI é um esforço ativo de reforma nas escolas PreK-12 em todo o país. A RTI surgiu na investigação educacional na década de 1990. O RTI é um quadro abrangente de deteção precoce e prevenção que identifica os alunos com dificuldades em dominar os principais objectivos académicos e sociais e estabelece um sistema de apoio dentro da estrutura da escola para envolver todos os alunos em níveis elevados de aprendizagem. O objetivo de um quadro de IDI é prestar assistência aos alunos antes de estes ficarem significativamente para trás na aprendizagem essencial, de modo a que todos os alunos tenham elevados níveis de sucesso escolar (NASDSE & CASE, 2006; Allington & Cunningham, 2007; Wright, 2007; IES, 2009).

Existem duas linhas de apoio filosófico e legislativo para o RTI na literatura educacional. O primeiro é o tema recorrente na investigação e na ação legislativa sobre o fosso persistente entre os diferentes subgrupos de alunos que constituem o sistema escolar americano. A segunda linha de discussão em apoio de uma estrutura RTI vem de um apelo de longa data para reformar os programas de encaminhamento e prestação de serviços de educação especial (Allington & Cunningham, 2007; Wright, 2007; IES, 2009).

O défice de aproveitamento é um conceito de investigação educacional documentado de forma contínua desde 1965 até aos dias de hoje. O fosso de aproveitamento refere-se ao desempenho académico global díspar dos alunos das escolas públicas americanas, com resultados fortemente previsíveis por subgrupos populacionais. Os subgrupos populacionais típicos incluem os alunos de grupos raciais que não os caucasianos, os grupos socioeconómicos mais desfavorecidos e os alunos identificados para serviços de ensino especial. Estudos federais realizados na década de 1990 documentaram a persistência da diferença de resultados nos testes, bem como em vários indicadores adicionais, tais como a assiduidade, as taxas de graduação e o acesso à universidade. A investigação em torno da diferença de resultados capta as conclusões persistentes de que os alunos de diversos grupos raciais têm um desempenho consistentemente inferior ao dos seus colegas brancos e europeus em quase todos os indicadores utilizados para monitorizar o sucesso escolar. Estes estudos federais identificaram recomendações específicas para resolver a persistência da diferença de resultados, incluindo uma maior atenção à identificação precoce dos alunos com dificuldades e a implementação de intervenções baseadas em provas para os alunos que não atingem os objectivos académicos e comportamentais identificados.

Este processo de identificação e apoio sistemático é comummente designado por RTI (Allington & Cunningham, 2007; Wright, 2007; IES, 2009).

A estrutura RTI tornou-se cada vez mais comum após a aprovação da lei No Child Left Behind (NCLB), a reautorização federal de 2001 da Lei da Educação Infantil e Secundária, que introduziu a disposição de garantir o sucesso de todos os alunos em todas as escolas e delineou acções corretivas para as escolas que não conseguissem atingir este ideal. Desde então, a NCLB foi reautorizada em 2004, 2008 e 2012, com algumas modificações, mas mantendo as recomendações para a identificação precoce, um sistema de apoio a vários níveis e sanções e ramificações contínuas para as escolas que demonstram uma falta de crescimento na redução do fosso de aproveitamento (Allington & Cunningham, 2007; Wright, 2007; IES, 2009).

Além disso, a reautorização de 2004 da Lei de Educação de Indivíduos com Deficiências (IDEA), política federal proeminente sobre a programação do ensino especial, incluiu a linguagem de um modelo RTI como uma ferramenta de prevenção e identificação para o ensino especial. A política IDEA de 2004 baseou-se em grande parte em dois relatórios federais publicados em 2002, a Comissão Presidencial para a Excelência no Ensino Especial e a Academia Nacional de Ciências, que identificaram uma sobre-representação de alunos de subgrupos minoritários no ensino especial. Os apelos anteriores à reforma do modelo de serviços de ensino especial conduziram às primeiras versões da RTI, inicialmente designadas por Iniciativa de Ensino Regular (REI). A REI foi apresentada numa política federal de 1988 que incentivava as escolas a garantir que os alunos do ensino especial permanecessem, tanto quanto possível, no programa de ensino regular. Esta filosofia de execução do programa transformou-se no modelo de inclusão popular na década de 1990 e, eventualmente, no atual quadro de níveis de apoio a vários níveis conhecido como RTI (Allington & Cunningham, 2007; Wright, 2007; IES, 2009).

Com estas ligações entre a RTI e a reforma da política de educação especial, a RTI é frequentemente rotulada como uma iniciativa de educação especial; nada poderia estar mais longe da verdade. A RTI é uma iniciativa de educação geral que se dedica à melhoria contínua de escolas individuais, monitorizando os resultados de aprendizagem identificados e ajustando as oportunidades de aprendizagem para garantir que todos os alunos da escola estão a alcançar e a progredir a níveis elevados (NASDSE & CASE, 2006).

Dois conceitos principais distinguem o RTI de outras práticas de ensino e avaliação. O primeiro é o estabelecimento de um processo sistemático para identificar e apoiar os alunos com dificuldades. Em segundo lugar, a mentalidade de intervir com intervenções de base científica, que são definidas como tendo provas de eficácia que provavelmente resultarão numa melhor aprendizagem dos alunos (Brown-Chidsey & Steege, 2005). Um quadro concetual para o processo de apoio sistemático e a vários níveis, agora conhecido como RTI, é apresentado na Figura 1.

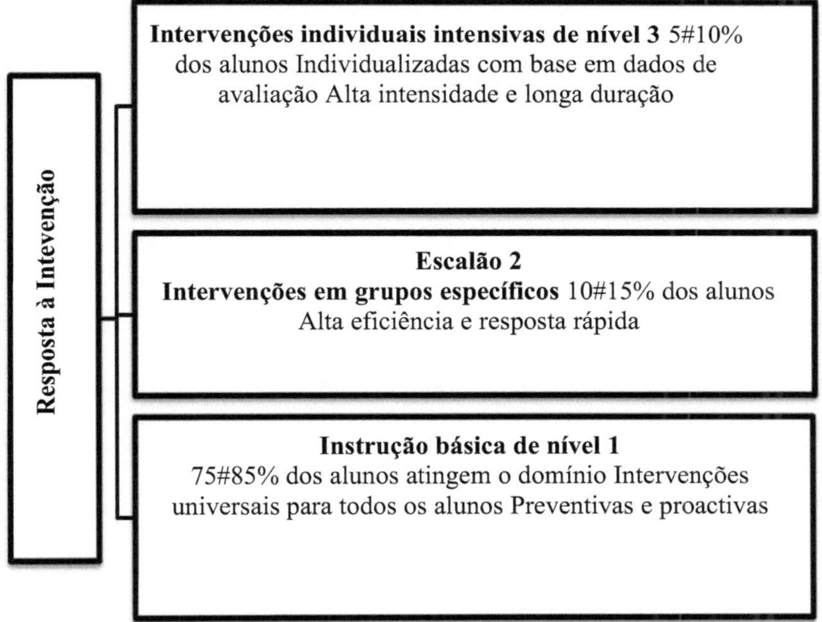

Figura 1. Uma estrutura RTI.

Uma imagem como a que foi partilhada acima do modelo RTI apresenta os elementos-chave da estrutura subjacente. Este modelo da estrutura RTI esquematiza o programa escolar em três níveis: O Nível 1 é o principal programa de ensino da escola, denominado "núcleo"; o Nível 2 é o primeiro nível de intervenção, muitas vezes chamado de "Intervenção Estratégica"; e o Nível 3 é um nível mais aprofundado de intervenção, muitas vezes chamado de "Intervenção Intensiva". Para cada escola que implementa um modelo RTI, existem apoios especificados definidos dentro de cada categoria do triângulo, bem como objectivos académicos e comportamentais que assinalam a necessidade de movimento entre os níveis de apoio fornecidos aos alunos dentro da escola (NASDSE & CASE, 2006; IES, 2009).

Num sistema convencional de 3 níveis, o Nível 1 é muitas vezes referido como o núcleo. No núcleo, as práticas de instrução baseadas em evidências são fornecidas a todos os alunos da escola. O debate sobre a eficácia do núcleo é importante no processo de implementação do RTI, uma vez que o objetivo de todos os sistemas escolares é que 80% dos seus alunos atinjam o domínio dos domínios académicos e sociais a partir da rotina, da instrução diária e da diferenciação fornecida a todos os alunos no núcleo. Se o núcleo não estiver a satisfazer 80% das necessidades de aprendizagem dos alunos da escola, deve ser realizada uma análise cuidadosa e avaliativa para determinar o que está a acontecer na sala de aula típica, a fim de identificar mudanças ao nível do ano letivo e de toda a escola nas práticas gerais da escola e de ensino para melhor satisfazer as necessidades dos alunos (IES, 2009).

No Escalão 2, a intervenção estratégica, as intervenções sistemáticas e baseadas em provas e os apoios são fornecidos aos alunos que primeiro demonstram uma necessidade identificada pelo baixo desempenho nas medidas de rastreio de toda a escola. Além disso, o Nível 2 fornece intervenções aos alunos que demonstram um fraco progresso trabalhando apenas no núcleo, conforme evidenciado pelos dados registados no ensino regular na sala de aula e nas avaliações. No Nível 2, a instrução de alta qualidade na sala de aula (o núcleo) é associada a instrução suplementar em pequenos grupos, utilizando uma abordagem baseada em provas, que fornece outra camada de apoio essencial aos alunos, num esforço para acelerar a aprendizagem com o objetivo final de os alunos atingirem rotineiramente os objectivos académicos e sociais ao nível do ano escolar e deixarem de necessitar de apoio do Nível 2 (IES, 2009).

O Nível 3, intervenção intensiva, é fornecido aos alunos que não progridem após um período de tempo razoável, normalmente definido como um mínimo de dois períodos de intervenção de 6 semanas, fornecidos ao nível de apoio do Nível 2. As intervenções fornecidas no Escalão 3 são mais intensivas e individualizadas, fornecendo ambientes de grupo ainda mais pequenos e/ou instrução concebida para visar competências específicas ou lacunas de conteúdo para os alunos com dificuldades do Escalão 3.

A recolha e análise contínua de dados para monitorizar o crescimento e o domínio dos alunos é fundamental em cada nível do modelo RTI. No entanto, o foco rotineiro na recolha de dados e na monitorização da aprendizagem do aluno é acentuado no Nível 3 da estrutura RTI. Os alunos são acompanhados de perto para verificar se a intervenção intensiva e individualizada está a ter um impacto na sua aprendizagem. Os alunos que continuam a ter dificuldades depois de receberem intervenções de Nível 3 durante 6 a 8 semanas podem então ser avaliados para possíveis serviços de educação especial (IES, 2009).

Outro elemento essencial de um modelo de IDI eficaz é o desenvolvimento de um processo de resolução de problemas. Um exemplo de um modelo típico de resolução de problemas é ilustrado na Figura 2.

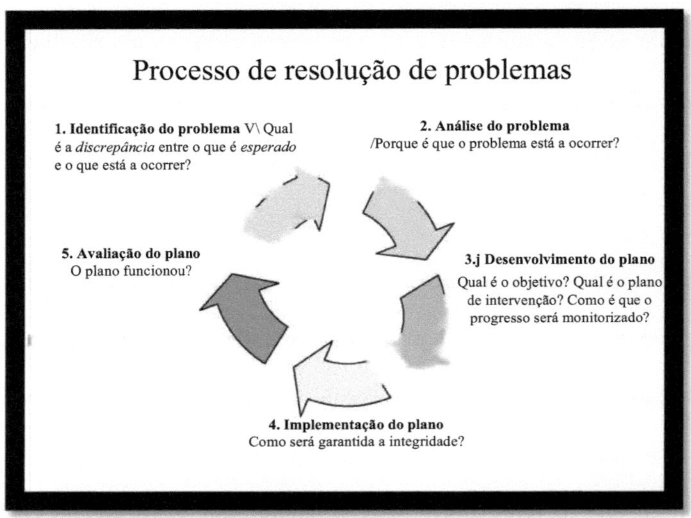

Figura 2. Um modelo de resolução de problemas.

Uma vez estabelecido e aceite na estrutura da escola, o modelo de resolução de problemas é utilizado para orientar debates colaborativos sobre o desempenho dos alunos, as estratégias de ensino, as intervenções necessárias e a monitorização e comunicação da aprendizagem dos alunos (Brown-Chidsey & Steege, 2005; NSADSE & CASE, 2006; Allington & Cunningham, 2007; Wright, 2007; IES, 2009).

O objetivo essencial de um modelo RTI eficaz é garantir uma escolaridade de alta qualidade para todas as crianças dentro de um edifício ou sistema escolar. Uma estrutura RTI eficaz é conseguida através do diálogo colaborativo e da aprendizagem profissional entre o pessoal de cada nível de ensino ou departamento de uma escola que se concentra nos alunos (Brown-Chidsey & Steege, 2005; Allington & Cunningham, 2007; Wright, 2007).

As equipas de professores num modelo RTI eficaz analisam regularmente as provas de sucesso, tais como os dados académicos e comportamentais de todos os alunos em relação aos objectivos essenciais identificados. As equipas de professores analisam os resultados actuais e discutem alternativas e opções de aprendizagem para melhorar os resultados da experiência escolar de cada criança. Para garantir que as equipas de professores estão atentas à aprendizagem, tanto no início como ao longo do processo de escolarização, são realizadas avaliações frequentes em toda a escola para fornecer dados formativos que as equipas possam analisar e responder. Isto permite que as equipas de professores profissionais ajustem a instrução, o ritmo e/ou o conteúdo conforme necessário para melhor satisfazer as necessidades dos seus alunos (Brown-Chidsey & Steege, 2005; RtI presentation FRE 2005, NASDSE & CASE, 2006 e 2008; Allington & Cunningham, 2007; Wright, 2007; IES, 2009).

A RTI baseia-se na firme convicção de que podemos educar todos os alunos no sistema escolar público americano, mas apenas com uma mudança significativa do sistema: "Podemos criar escolas onde todas as crianças se tornem leitoras e escritoras. Podemos criar boas escolas em que cada sala de aula seja ocupada por um professor especializado e eficaz. Mas essas escolas não surgem simplesmente. Têm de ser criadas". (Allington & Cunningham, 2007). A criação de escolas em que todos os alunos aprendam a níveis elevados exige uma liderança dedicada ao estabelecimento de uma estrutura RTI para melhorar a aprendizagem e o apoio a cada criança no âmbito de uma comunidade de aprendizagem profissional (Wright, 2007). Existe um conjunto crescente de investigação que aborda as recomendações e os processos utilizados em iniciativas de IDI bem sucedidas. Em 2008, a National Association of State Diretors of Special Education Diretors (NASDSE) e o Council of Administrators of Special Education (CASE) publicaram um relatório de dados recolhidos e analisados em escolas de todo o país sobre a implementação da RTI. O projeto de construção de escolas RTI identificou três fases de implementação de uma iniciativa RTI: criação de consenso, criação de infra-estruturas e implementação. Na fase de criação de consenso, são lançadas as bases para a mudança do sistema. As actividades básicas e as apresentações para o pessoal da escola são concebidas para desenvolver a compreensão dos princípios e componentes do RTI, desenvolver um vocabulário comum para discutir a aprendizagem e os apoios dos alunos, e identificar os pontos fortes e fracos actuais do programa escolar. Durante a fase de construção de infra-estruturas, os elementos-chave da estrutura da escola são ajustados para se prepararem para uma nova forma de trabalhar. As acções desta fase incluem a criação de uma equipa de liderança para planear e dirigir a iniciativa RTI. Na terceira fase, a implementação, o RTI é estabelecido como o quadro de referência para a forma como a escola monitoriza e apoia níveis elevados de aprendizagem para todos os alunos. As acções nesta fase incluem mudanças de horário, reafectação de pessoal e utilização e resposta contínuas aos dados dos alunos (NASDSE & CASE, 2008).Os resultados do nosso estudo de investigação estão de acordo com o projeto NASDE e contribuem para o crescente corpo de investigação que apoia o RTI como um modelo eficaz de melhoria da escola e uma ferramenta de reforma educativa.

Capítulo 2

Analisar a implementação de uma estrutura RTI

A investigação, em geral, é o processo de criação de conhecimento, de tentativa de resposta a questões, de criação de teoria e de confronto com teorias previamente existentes (Winkle-Wagner, Hunter, & Ortloff, 2009). A metodologia para este estudo de investigação do processo de implementação do RTI é um estudo de caso sob a forma de uma narrativa. Para efeitos do presente estudo, um estudo de caso é definido como uma metodologia de investigação qualitativa em que o investigador explora um sistema contemporâneo da vida real ao longo do tempo, através de uma recolha de dados detalhada e aprofundada que envolve múltiplas fontes e relata temas de casos (Creswell, 2013).

Para realizar este estudo de investigação, um grupo de quatro líderes, activos no processo de implementação do RTI na escola selecionada, reuniu-se mensalmente durante um período de 2 anos para refletir e documentar o processo e a aprendizagem adquiridos durante a implementação de um quadro RTI. O estudo de caso apresentado nesta investigação assume a forma de uma narrativa. Os investigadores qualitativos recolhem habitualmente narrativas de indivíduos dentro de uma organização para analisar temas e documentar transições durante a mudança organizacional. O significado e a compreensão da mudança de sistema pretendida emergem da recolha de histórias de indivíduos que trabalham na organização durante o processo de implementação (Winkle-Wagner, Hunter, & Ortloff, 2009; Convoy, 2010). Neste estudo de investigação, a emergência de temas e a construção de uma aprendizagem partilhada tiveram lugar à medida que discutíamos o processo de implementação do RTI e documentávamos a nossa história de mudança do sistema.

Alguns poderão argumentar que a avaliação de uma mudança de sistema, como a implementação do modelo de serviço RTI, deve ser efectuada de uma forma mais científica. Mas o conhecimento científico não é o único meio de conhecer e compreender a realidade. Um novo aspeto que emerge da investigação empírica tem sido o papel positivo da narração de histórias na criação de uma memória colectiva partilhada (Clandinin & Connelly, 2000).

Tanto as provas científicas como as anedóticas contribuem para a nossa compreensão dos sistemas e da mudança sistémica (Adorisio, 2009; Winkle-Wagner, Hunter, & Ortloff, 2009). Dada a perspetiva de que a mudança é uma mudança de narrativas e, por conseguinte, uma mudança de significados, considera-se que o método mais adequado de investigação dos significados que os líderes atribuem ao programa de mudança consiste em recolher as suas narrativas sobre a mudança à medida que esta se desenrola ao longo de um período de tempo (Convoy, 2010). No âmbito deste estudo de investigação, temos provas do crescimento documentado da aprendizagem dos alunos e da melhoria da eficácia do sistema para partilhar, mas a informação mais significativa partilhada é a compreensão colectiva dos processos e da aprendizagem obtida à medida que reflectimos sobre o nosso envolvimento numa mudança significativa do sistema.

Contar histórias e recolher histórias é uma forma de investigação narrativa. A investigação narrativa permite-nos efetuar uma análise e avaliação da mudança de sistema através da lente da experiência pessoal (Creswell, 2013; Winkle-Wagner,

Hunter, & Ortloff, 2009). Como resultado, a história tornou-se uma ferramenta útil para processar e explicar a mudança organizacional. Quando um esforço de reforma, como o RTI, puxa o sistema para uma mudança significativa, as histórias se desdobram e há poder na história da mudança. Dentro das organizações, os indivíduos juntam-se para formar grupos, que constroem a realidade social da organização. Este processo ocorre através da narrativa que tem lugar à medida que a prática e as experiências são partilhadas (Conroy, 2010): "Os encontros descritos nas histórias levam a uma construção de significado; os actores interpretam o que está a acontecer para si próprios e para o seu público. Por outras palavras, as narrativas são criadas e negociadas" (Czarniawska, 1997).

Durante 5 anos, o investigador fez parte de uma equipa que trabalhou numa escola primária quase típica, aperfeiçoando as práticas de ensino e as competências de colaboração do pessoal, à medida que a escola implementava um modelo RTI altamente eficaz. Após 5 anos de prática colaborativa, os membros da equipa de liderança aproveitaram a oportunidade para refletir sobre o processo de implementação, reunindo-se como um grupo colegial para discutir as melhores práticas, a coordenação eficaz dos serviços e o desenvolvimento dos professores e dos líderes escolares que tinham ocorrido à medida que o RTI era incorporado na cultura da escola. Cada participante do grupo colegial trabalhou no processo de implementação e concentrou-se na criação de um sistema que garantisse o sucesso de todos os alunos da escola. A equipa de investigação chegou a um forte consenso à medida que reunia reflexões individuais sobre a experiência partilhada de se envolver num processo de melhoria contínua e de estabelecer uma estrutura RTI na escola. As reflexões individuais transformaram-se em entendimentos colectivos sobre a implementação do RTI no nosso contexto. A reflexão e a narração colectiva de histórias conduziram a uma série de três rubricas que descrevem e documentam os esforços e as realizações do processo de implementação. À medida que o trabalho de implementação de uma estrutura RTI se desenrolava ao longo de 5 anos, fortes dados de tendências documentavam melhorias consistentes nas pontuações de leitura, matemática e ciências, conforme medido pelo nosso sistema de avaliação a nível estatal. Ainda mais encorajador foi o crescimento da confiança e das competências profissionais dos educadores da escola, à medida que o sistema mudava para uma estrutura concebida em função das necessidades dos alunos e reorganizava os recursos para maximizar o crescimento académico e pessoal de todas as crianças. Partilhamos a nossa história e a nossa aprendizagem colectiva por duas razões. Em primeiro lugar, para desafiar todas as escolas a empenharem-se numa reforma do sistema dedicada à convicção de que todos os alunos podem aprender a níveis elevados e, ao fazê-lo, abordar a persistente lacuna de aproveitamento que existe no sistema escolar americano. Em segundo lugar, encorajar os profissionais da escola, à medida que se envolvem na implementação do RTI, a utilizar a reflexão como um meio de aprendizagem colectiva para fazer avançar os indivíduos e o sistema para uma reforma escolar bem sucedida. A mudança escolar é impulsionada pela mudança individual; à medida que um número suficiente de indivíduos muda, as escolas também mudam (Allington & Cunningham, 2007). A partilha de histórias individuais ajuda-nos a navegar na mudança numa organização e faz a ponte entre a teoria e a prática (Winkle-Wagner, Hunter, & Ortloff, 2009).

Capítulo 3

Provas do nosso sucesso com a utilização de uma estrutura RTI

O contexto do nosso trabalho

Numa pequena cidade nos arredores das Cidades Gémeas do Minnesota, há uma escola que está cheia de movimento. Tal como em muitas escolas do estado do Minnesota, as crianças estão profundamente empenhadas na aprendizagem. Mais importante ainda, os líderes e os professores estão igualmente empenhados na aprendizagem. Os educadores desta escola estão a tomar medidas para ajustar os sistemas e as práticas de ensino de uma escola tradicional para garantir que todas as crianças tenham elevados níveis de sucesso académico e pessoal.

A nossa escola é uma escola primária do jardim de infância ao quinto ano, situada na zona rural do Minnesota, fora da área metropolitana de Twin Cities. Trabalhámos com pouco mais de 500 alunos, 15% com almoço grátis e a preço reduzido, 5% de alunos de cor, menos de 10% de alunos que aprendem uma segunda língua e 12% que se qualificam para serviços de ensino especial.

Dentro da estrutura de uma comunidade de aprendizagem profissional, o processo de implementação começou com um foco na construção de consenso em torno dos princípios e crenças típicos da RTI. Seguem-se as crenças que adoptámos como fundamentais para uma escola eficaz:

- Podemos ensinar eficazmente todos os alunos.
- A intervenção precoce é a melhor intervenção.
- O ensino em sala de aula deve satisfazer as necessidades de 80% dos

alunos.

- Temos a obrigação de dar uma resposta flexível aos alunos com dificuldades.
- Um modelo de apoio e serviço a vários níveis é a melhor prática e garantirá níveis elevados de domínio para todos os aprendentes.
- Os modelos de serviços mais eficazes devem ser sistemáticos para todas as necessidades de intervenção.
- Utilizar os dados para tomar decisões.
- Os dados são recolhidos e utilizados para três objectivos: 1) Rastreio de todos os alunos; 2) Ferramentas de diagnóstico para determinar o que os alunos dominam ou não dominam; 3) Monitorização do progresso para determinar se as intervenções académicas ou comportamentais estão a funcionar. (Brown-Chidsey & Steege, 2005; NASDSE, 2006)

Chegar a um consenso em torno destes princípios não foi tarefa fácil. Houve várias apresentações, debates sobre estruturas profissionais, artigos de investigação e actividades colegiais realizadas durante numerosas sessões de desenvolvimento profissional e reuniões de rotina do pessoal. Com o tempo, estes princípios tornaram-se crenças fundamentais que todo o pessoal partilhava. Estas convicções comuns tornaram-se a nossa única base para a tomada de decisões. Parte do nosso trabalho mais difícil foi desmontar sistemas, práticas e comportamentos dentro da nossa escola que não se alinhavam e apoiavam estas crenças fundamentais sobre a excelência educativa para todos os alunos.

A representação de uma estrutura RTI eficaz, acima referida, tornou-se o único gráfico que utilizámos de forma consistente para falar sobre a aprendizagem dos alunos e a coordenação eficaz do ensino. Descrevemos as expectativas e intervenções para os objectivos comportamentais e académicos e detalhamos a programação específica da nossa escola. O gráfico foi utilizado repetidamente para delinear os processos de identificação do aluno, instrução no núcleo, apoio sistemático utilizando os recursos disponíveis, descrevendo as opções de intervenção para alunos com dificuldades e alunos com dificuldades prolongadas, e clarificação das funções e responsabilidades do pessoal.

Todas as comunicações da nossa equipa de liderança sobre a IDI utilizaram o gráfico adotado para orientar o desenvolvimento de um vocabulário comum sobre os conceitos da IDI. Esta consistência de mensagem e imagem ajudou-nos a criar um sentido de unidade e alinhamento para todas as várias iniciativas que faziam parte do nosso processo de implementação do RTI. Envolvemo-nos em conversas sobre articulação e alinhamento de padrões dentro do núcleo, recolha e utilização inteligente de dados para orientar as práticas de instrução, investigação educacional e instrução de melhores práticas, e competências significativas de trabalho em equipa e colaboração para permitir que os profissionais da nossa escola trabalhassem efetivamente como uma comunidade de aprendizagem profissional. Lenta mas seguramente, construímos a nossa compreensão do que deveria ser uma escola ideal e lançámos uma visão para a nossa escola que reunia todas as partes aparentemente díspares da agenda presente no ensino público. O nosso pessoal uniu-se com um sentido partilhado de objetivo e direção.

Um modelo de resolução de problemas foi incorporado no início da nossa implementação da RTI. Uma vez adotado, este modelo de resolução de problemas foi utilizado em todo o nosso trabalho. Aplicámos o modelo de resolução de problemas a todo o planeamento, ao abordar questões e preocupações, e para orientar a tomada de decisões colectivas nas reuniões de alunos, funcionários e equipas. Os tipos de problemas que surgiram variaram entre o comportamento dos alunos e as necessidades académicas, e uma variedade de sistemas e processos de rotina que foram postos em causa. O modelo de resolução de problemas, uma vez adotado e amplamente utilizado, proporcionou uma transparência de processo que foi fundamental para o envolvimento voluntário de todos os grupos de partes interessadas que precisavam de ser envolvidos e considerados ao longo do processo de mudança. Todos na nossa escola tinham um papel a desempenhar na criação e manutenção da nossa estrutura RTI. O envolvimento de todas as partes interessadas foi essencial. O modelo de resolução de problemas tornou-se uma ferramenta chave para o envolvimento produtivo de todas as partes interessadas (Allington & Cunningham, 2007; NASDSE & CASE, 2006 e 2008; Wright, 2007).

Com o passar do tempo, foram-se acumulando provas que encorajaram a nossa escola e a comunidade a acreditar que a nossa nova forma de trabalhar em conjunto era eficaz. Partilhar provas e histórias de sucesso foi importante para manter a motivação e o moral do pessoal durante os períodos de mudança.

Provas de melhorias sistémicas do sistema

Dados sobre as tendências académicas

O nosso primeiro artigo de evidência da eficácia do processo de implementação do RTI são os dados de tendência que se acumularam ao longo de 3 anos do processo de implementação. O primeiro gráfico documenta as pontuações de leitura, matemática e ciências em toda a escola na avaliação MCAII (The Minnesota Comprehensive Assessment II, a ferramenta de avaliação a nível estatal utilizada no Minnesota na altura do nosso trabalho).

Gráfico 1. Dados sobre as tendências do estudo de caso, 2006-2009.

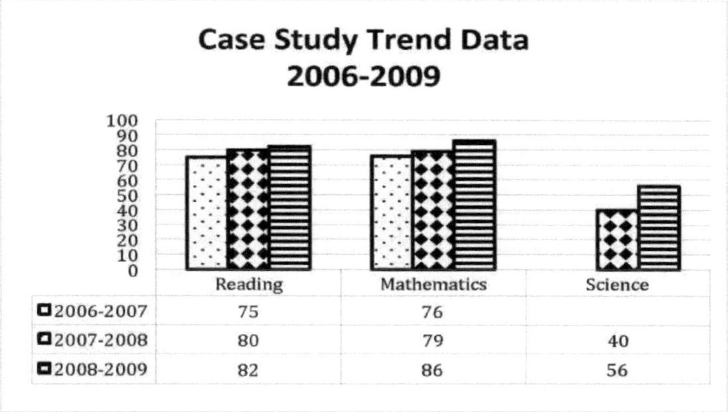

Case Study Trend Data 2006-2009

	Reading	Mathematics	Science
2006-2007	75	76	
2007-2008	80	79	40
2008-2009	82	86	56

Como o Gráfico 1 indica, estavam a ser feitos progressos lentos mas constantes para melhorar a educação geral dos alunos desta escola. Além disso, em 2006, quando iniciámos os nossos esforços de melhoria, a nossa escola ainda estava na lista de Progresso Anual Adequado (AYP) do Minnesota por não demonstrar um progresso adequado de aprendizagem numa subpopulação de alunos da nossa escola - os do nosso programa de Educação Especial. Monitorizámos de perto os resultados do nosso subgrupo de Ensino Especial durante o processo de implementação. O gráfico 2 mostra as tendências para este subgrupo.

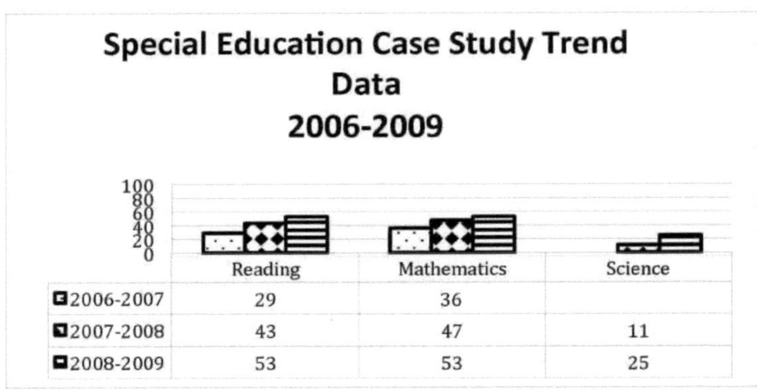

Gráfico 2. Dados sobre as tendências do estudo de casos de educação especial, 2006-2009.

Tal como o gráfico 2 indica, também se registaram progressos lentos e constantes no sentido de melhorar a educação global dos alunos da nossa população do ensino especial.

Para além das métricas dos testes a nível estatal, os inquéritos anuais ao pessoal informaram o trabalho da equipa de liderança da escola para monitorizar e atender à cultura da nossa escola. Os dois quadros seguintes resumem os resultados de um inquérito ao pessoal de 2007.

Inquérito ao pessoal Pontos fortes 2007

Utilização consistente de programas (sala de aula reactiva) na escola.	35%
Professores e funcionários de qualidade em todo o nosso programa.	26%
Desenvolvimento do pessoal, formação sobre as melhores práticas e trabalho no sentido de melhorar.	26%
A nossa cultura escolar de trabalho em equipa.	22%

Quadro 1: Pontos fortes do inquérito ao pessoal 2007

Inquérito ao pessoal Áreas de crescimento 2007

Competências de leitura e recursos para professores.	22%
Ajuda corretiva para os estudantes.	17%
Mais tempo de planeamento e melhor compreensão da tecnologia para instruir e organizar o nosso trabalho.	8%

Quadro 2. Áreas de crescimento do inquérito ao pessoal 2007

Na primavera de 2010, a escola implementou o inquérito Indicador da Cultura da Comunidade de Aprendizagem (LCCI), que é uma ferramenta de medição concebida para monitorizar a presença e a força de uma comunidade de aprendizagem profissional. Este inquérito em linha recolhe dados perceptivos do pessoal para avaliar oito indicadores-chave de uma comunidade de aprendizagem profissional. O LCCI utiliza uma escala de classificação de 1 a 10 e apresenta os resultados num formato de caixa e bigode para mostrar o consenso sobre as pontuações atribuídas a cada indicador (Stewart 2009). Segue-se uma amostragem de perguntas-chave e os resultados de 2010. Os resultados selecionados para partilha estão relacionados com os Pontos Fortes e as Áreas de Crescimento identificados no inquérito ao pessoal de 2007, descritos acima nos Quadros 1 e 2.

Áreas de força na cultura escolar

Ponto forte 1: Programação consistente. Em 2007, 35% do nosso pessoal indicou a consistência da programação como um ponto forte da nossa escola. Em 2010, a consistência da programação foi novamente considerada um ponto forte da escola. Os resultados do inquérito LCCI confirmaram um consenso consistentemente elevado em torno da missão e da visão da nossa escola. Na escala LCCI de 1 a 10, a questão "O principal objetivo da nossa escola é ajudar todas as crianças a aprender a níveis elevados" recebeu uma pontuação de 9, com uma pequena variação. Do mesmo modo, a questão "O processo da minha equipa de ensino conduz a uma melhor aprendizagem dos alunos" teve pontuações individuais de 8 ou mais, o que indica um forte alinhamento da programação com base na crença central da escola de que a colaboração dos professores é essencial para fornecer consistentemente uma programação que conduza a uma melhor aprendizagem dos alunos. Estas pontuações indicam um forte consenso em torno das nossas convicções sobre a aprendizagem dos alunos e o alinhamento do trabalho entre departamentos.

Ponto forte dois: Desenvolvimento do pessoal. Em 2007, 26% dos professores estavam ansiosos por participar no desenvolvimento do pessoal e citaram as oportunidades oferecidas para aprender como um ponto forte da nossa escola. No inquérito LCCI de 2010, os professores classificaram as oportunidades de desenvolvimento profissional na nossa escola com 7 em 10. Embora esta classificação demonstre um forte crescimento no desenvolvimento profissional nesta escola durante o período de 2 anos, houve uma grande variedade de pontuações atribuídas pelo pessoal no inquérito de 2010. Esta divergência de opiniões reflecte a nossa memória colectiva da nossa experiência enquanto equipa de liderança. Passámos de uma perspetiva de "desenvolvimento profissional geral para todos" para a compreensão e satisfação da necessidade de uma abordagem mais individualizada, ou de pequenos grupos. Esta transição não foi fácil e sem obstáculos. O desenvolvimento do pessoal foi uma área frequentemente reflectida pelo grupo colegial de liderança que participou neste estudo e, como resultado, as considerações sobre o desenvolvimento do pessoal estão escritas em cada uma das três rubricas de implementação do RTI.

Terceiro ponto forte: Trabalho em equipa. Várias questões do LCCI visam medir os conceitos fundamentais de trabalho em equipa e colaboração como elementos essenciais da cultura de escolas eficazes. Na categoria da LCCI intitulada "Trabalho em equipa colaborativo", a questão "Faço parte de uma equipa de ensino que colabora para melhorar o ensino e a aprendizagem" foi classificada entre 8 e 9, o que revela um forte consenso em torno da cultura de trabalho em equipa. Ao mesmo tempo que dá classificações gerais das categorias, o LCCI também identifica valores atípicos nos resultados do inquérito. Os valores atípicos são os inquiridos que estão significativamente fora da classificação atribuída por 80% dos participantes. Nesta categoria, foram identificados quatro casos isolados. Isto confirma as nossas ideias sobre a nossa experiência real no processo de implementação relacionado com o trabalho em equipa. No ano 4, havia apenas alguns outliers (pessoal que não acompanhava o núcleo principal de educadores profissionais) na nossa equipa. Estes elementos anómalos continuaram a resistir aos processos de colaboração em curso na nossa escola. É importante que os líderes e os colegas compreendam que o consenso não exige o apoio de todos a 100%. O consenso exige uma forte compreensão dos conceitos e um apoio significativo para avançar numa direção definida.

Na categoria do LCCI intitulada "Cultura Interdependente Baseada na Confiança", duas questões abordam o aspeto de trabalho em equipa da escolaridade de qualidade. Uma pergunta sobre o envolvimento em colaboração formal e espontânea, e a segunda pergunta, "Procuro os conhecimentos de outros professores para me ajudarem a resolver problemas de ensino e aprendizagem", foram ambas classificadas com um 8 na escala de 10 pontos do LCCI. Isto indica que foi criada uma cultura de confiança para incentivar e apoiar as equipas de colaboração.

Áreas de crescimento na cultura escolar

Área de crescimento 1: Sensibilização para as melhores práticas. No inquérito ao pessoal de 2007, 22% dos professores queriam mais informações sobre as melhores práticas de ensino da leitura para aplicação na sala de aula do ensino geral. As pontuações consistentemente elevadas do LCCI para as perguntas relacionadas com as melhores práticas indicam que, em 2010, os professores estavam a ficar cada vez mais à vontade com as melhores práticas e com a experimentação calculada para satisfazer as necessidades dos alunos. Exemplos de sugestões e pontuações que evidenciam o aumento da utilização e do conforto com as melhores práticas:

- "Utilizo provas da aprendizagem dos alunos para ajustar a minha prática de ensino." Pontuação de 9 e sem valores atípicos.
- "Na minha escola, os professores proporcionam um ensino de elevada qualidade a todos os alunos, incluindo aqueles que podem estar em risco de insucesso académico." Pontuação de 8 ou superior com três valores atípicos.
- "Qualquer aluno que tenha dificuldades académicas na minha aula recebe tempo e apoio extra." Pontuação de 8 e sem valores atípicos.
- "Sinto-me seguro para correr o risco de utilizar métodos de ensino inovadores." Pontuação de 8 e um valor atípico.

Estes resultados indicam que fizemos progressos numa importante área de crescimento para uma implementação eficaz da RTI. Estávamos a tornar-nos uma comunidade de alunos dedicados a ser excelentes no nosso ofício de ensino.

Área de crescimento dois: Remediação. A recuperação foi identificada como uma área de crescimento no inquérito ao pessoal de 2007. No inquérito LCCI de 2010, a questão "Nesta escola, o tempo adicional e o apoio à aprendizagem proporcionados aos alunos com dificuldades académicas são desenvolvidos de forma sistemática, em vez de serem deixados ao critério dos professores" recebeu uma pontuação de 8, numa caixa apertada, na escala de 10 pontos do LCCI. Na nossa escola, tínhamos feito claramente progressos na área da recuperação. Uma vez que a abordagem precoce das necessidades de aprendizagem dos alunos e a existência de uma variedade de opções para responder aos alunos que não estão a aprender são princípios fundamentais do RTI, a implementação do enquadramento estava a ter um impacto na forma como os professores respondiam às necessidades de aprendizagem dos alunos.

Área de crescimento três: Mais tempo para o planeamento. O inquérito LCCI revelou que 17 dos 34 membros do pessoal que participaram no inquérito (50%) se reuniam semanalmente com a sua equipa de ensino, outros nove (36%) reuniam-se de 15 em 15 dias para planeamento colaborativo e apenas cinco membros do pessoal (cerca de 14%) se reuniam menos de 15 em 15 dias. Apesar dos níveis relativamente elevados de compromissos de reunião, os comentários continuaram em 2010, indicando que o pessoal queria mais tempo para se reunir e colaborar em torno da aprendizagem dos alunos. Este facto não é surpreendente. Quando o pessoal está empenhado no processo de reflexão e auto-aperfeiçoamento, nunca há tempo suficiente. É necessário mais tempo para a leitura profissional, mais tempo para partilhar a aprendizagem com os colegas de equipa e mais tempo para observar os colegas. O desejo de aprender e a necessidade de mais tempo andam de mãos dadas. A necessidade de mais tempo continua a ser uma queixa comum e uma necessidade quase insaciável para os profissionais empenhados em níveis elevados de aprendizagem. Nós próprios, enquanto equipa de liderança, estivemos sempre atentos aos tempos e métodos de comunicação e às oportunidades de planeamento colaborativo que nos permitissem estar à frente do pessoal como um todo.

Os resultados cumulativos dos indicadores culturais abordados nos inquéritos ao pessoal fornecem provas claras de que tanto a cultura como o sucesso académico melhoraram nesta escola durante o período de implementação de quatro anos abrangido por este estudo. Estes resultados oferecem esperança e confiança aos líderes e às equipas de liderança empenhados no difícil trabalho de implementação de um quadro RTI.

Capítulo 4

Aprender com a liderança num quadro RTI

O resultado significativo, ou produto, desta pesquisa é uma coleção de rubricas criadas em torno de três temas centrais que emergiram das reflexões capturadas e organizadas da equipa de liderança central. Os três temas principais identificados nesta investigação do processo de implementação do RTI são: *criar uma cultura de colaboração*, *alinhar sistemas e estruturas* para apoiar a aprendizagem dos alunos e *adotar uma mentalidade de melhoria contínua*. Estas três áreas centrais estão estreitamente alinhadas com a investigação atual da Associação Nacional de Diretores de Educação Especial, conhecida como NASDE Blueprint for Implementation (NASDE & CASE, 2008). O trabalho da NASDE aborda a implementação do RTI em três fases apresentadas na tabela abaixo. Os nossos temas principais coincidem com a proposta da NASDE.

NASDE Fases de implementação da IDI	***Rubricas RTI resultantes deste projeto de investigação narrativa***
Criação de consenso	Cultura de colaboração
Construção de infra-estruturas	Sistemas e estruturas de apoio à aprendizagem
Implementação	Mentalidade de melhoria contínua

Tabela 3. Temas de implementação da RTI.

Embora o documento NASDE utilize títulos diferentes para as áreas temáticas, as tarefas identificadas em cada categoria estão em conformidade com as rubricas criadas neste projeto de investigação. Foi criada uma rubrica para cada um destes três temas centrais, dividindo a implementação em dimensões-chave que foram depois aplicadas a cada tema. As dimensões-chave da implementação incorporadas nas rubricas são: 1) conceitos básicos subjacentes ao tema, 2) descrição dos elementos de trabalho em equipa que tiveram impacto no tema, 3) desenvolvimento do pessoal necessário para apoiar o trabalho do tema, e 4) acções de liderança necessárias para implementar e sustentar a área temática. Este documento abordará os conceitos básicos subjacentes à primeira dimensão de cada uma das rubricas de cada tema.

As rubricas completas para cada tema contêm os conceitos básicos subjacentes, trabalho em equipa, desenvolvimento profissional e aspectos de liderança essenciais para apoiar o trabalho do processo de implementação do RTI. As rubricas completas estão disponíveis através do correio eletrónico da Dra. Barbara R. Wilson, Consultora Educacional, em barbarawilson1017@gmail.com.

Processo de implementação do RTI - Conceitos básicos subjacentes

Tema 1: Criar uma cultura de colaboração

Uma cultura de colaboração é fundamental para a implementação bem sucedida de uma estrutura RTI. Como disse Michael Fullan, um líder em mudança organizacional, "Os líderes eficazes com objectivos morais não o fazem sozinhos. E não o fazem contratando e apoiando indivíduos. Em vez disso, desenvolvem e empregam a colaboração".

A equipa de liderança rapidamente descobriu que, para satisfazer as necessidades de todos os alunos, precisávamos de nos envolver na resolução colaborativa de problemas. Os professores são indivíduos maravilhosos e inteligentes, e quando os juntamos numa equipa altamente funcional, os resultados são ainda mais surpreendentes. Um grupo de educadores dedicados, a trabalhar em colaboração, pode resolver qualquer problema e desenvolver um plano de ação operacional para avançar para o sucesso. De cada vez que envolvemos educadores no processo de resolução de problemas, fomos reconvencidos desta simples verdade.

A rubrica desenvolvida para o tema "cultura de colaboração" incluiu o desenvolvimento de um sistema de referência e apoio em toda a escola, centrado nas necessidades dos alunos (tal como refletido nos dados que recolhemos) e o estabelecimento de uma resposta sistemática de intervenções. Vimos este processo transformar a nossa cultura escolar e os processos de ensino em que os professores se envolveram. O processo que se desenrolou ao longo do período de implementação de quatro anos está descrito na Rubrica 1 abaixo.

Fase	***Elementos essenciais para criar uma cultura de colaboração***
Inicial	Recolher artefactos da cultura escolar atual. Identificar os pontos fortes e fracos da instrução e do programa educativo actuais. Avaliar a incidência na aprendizagem dos alunos.
Ano 1	Organizar os artefactos. Apresentar dados e artefactos ao pessoal. Ligar o RTI e o PLC para criar uma pirâmide de intervenção. Desenvolver vocabulário comum e objectivos académicos padronizados. Concentrar-se na aprendizagem dos alunos.
Ano 2	Criação de ferramentas para as equipas de professores organizarem a informação dos alunos (ou seja, fichários de dados, listas de intervenções, intervenções por nível, utilização alargada do modelo de resolução de problemas). Implementar um sistema de intervenções por níveis.

Ano 3	Definir procedimentos de resposta à aprendizagem dos alunos. Efetuar uma avaliação sistemática das práticas de ensino fundamentais e quotidianas para atingir 80% em todos os anos de escolaridade e em todas as salas de aula.
Ano 4	Rever as ferramentas de referência, acompanhamento e organização de dados, conforme necessário, pelas equipas de professores. Envolver-se no diálogo profissional para ajustar as áreas de fraqueza no núcleo, avançar para mais de 80% de domínio em todos os anos de escolaridade e em todas as salas de aula.

Rubrica 1. Criar uma cultura de colaboração conceitos básicos subjacentes

Começámos por recolher artefactos dos tipos de dados dos alunos recolhidos e monitorizados em vários níveis de ensino, listas de práticas de instrução típicas do nível de ensino, exemplos de projectos de alunos e intervenções bem sucedidas utilizadas esporadicamente por professores individuais ou equipas de nível de ensino para apoiar a aprendizagem dos alunos. Num esforço para simplificar o nosso programa e apoiar níveis elevados de aprendizagem em toda a escola, a equipa de liderança começou a coordenar recursos, a partilhar exemplos de práticas bem sucedidas e a tomar decisões de atribuição de recursos com um compromisso para com os princípios básicos do RTI. Começámos por nos concentrar na aprendizagem dos alunos, fazendo perguntas-chave, mantendo elevadas expectativas para todos e defendendo práticas de intervenção precoce. Falámos sobre os nossos alunos e o que estava a acontecer desde o jardim de infância até ao quinto ano, e não apenas sobre os níveis de ensino individuais.

Estas mudanças de paradigma para fazer evoluir a nossa cultura para uma cultura centrada na prática de equipa em vez da prática individual exigiram níveis extremamente elevados de normas profissionais e de colaboração dos professores. As equipas profissionais do edifício trabalharam em conjunto para chegar a um consenso sobre a identificação de aprendizagens essenciais, identificar objectivos de domínio para áreas de conteúdo essenciais e discutir as melhores práticas de instrução utilizadas para envolver os alunos em níveis elevados de aprendizagem. O passo seguinte foi partilhar a aprendizagem essencial, os objectivos de domínio e as práticas de ensino entre os níveis de ensino e os departamentos da escola. Isto aumentou o nível de confiança profissional e de colaboração entre o pessoal. No terceiro ano de implementação, quando nos deparámos com as necessárias conversas profissionais sobre as áreas em que a instrução no núcleo central não estava a atingir o objetivo de 80% de domínio, a cultura centrada no aluno, os elevados padrões profissionais e os níveis de confiança bem desenvolvidos estavam implementados. Surgiu uma nova vontade de aprender e crescer como profissionais e continuámos a expandir a natureza profissional da nossa cultura escolar.

Nenhuma reforma é efectuada sem uma liderança dedicada. Um exemplo de acções de liderança dignas de nota, necessárias para aprofundar a cultura de colaboração, são

- Inquérito a grupos de partes interessadas para obter feedback sobre a eficácia do programa.
- Transformar os professores em líderes e, simultaneamente, liderar iniciativas-chave no processo de mudança.
- Introduzir alterações intencionais na composição e nos processos das equipas.

A rubrica completa para a criação de uma cultura de colaboração inclui secções sobre elementos de trabalho em equipa, desenvolvimento do pessoal fornecido e acções de liderança necessárias para apoiar o trabalho deste tema do processo de implementação.

Segundo tema: Alinhamento de sistemas e estruturas

Uma avaliação dos sistemas e estruturas de apoio à aprendizagem dos alunos resultou do empenhamento da nossa escola em garantir um ensino de base sólido em todas as salas de aula. A equipa de liderança e, lentamente, todos os membros do pessoal, abraçaram a convicção de que cada professor de sala de aula pode melhorar a sua prática de ensino e, consequentemente, ter impacto na aprendizagem dos alunos. Esta convicção está de acordo com a investigação e as melhores práticas para a melhoria da escola: "Temos de desenvolver uma escola em que todos os professores se tornem mais especializados no ensino das crianças" (Allington & Cunningham, 2007).

Para iniciar o processo, colocámos a nós próprios questões difíceis sobre a educação que oferecíamos a todas as crianças da nossa escola:

- O nosso programa principal é suficiente?
- Para que alunos é suficiente o nosso ensino básico?
- Para que alunos não é suficiente?
- Como é que identificamos o que é suficiente e o que é fraco?
- O que é que vamos fazer em relação aos resultados que encontrarmos?

Parte da nossa rubrica para o alinhamento de sistemas e estruturas identifica a forma como experimentámos um novo alinhamento do currículo, da instrução e da avaliação, em resultado da recolha de dados relevantes e da tomada de decisões específicas.

Fase	*Elementos essenciais do alinhamento de sistemas e estruturas*
Inicial	Adotar o currículo a nível distrital. Percorrer o currículo de acordo com a preferência/ritmo individual do professor. Avaliar os alunos através de testes dos professores, dados utilizados para a classificação.
Ano 1	Mapear e acompanhar o currículo por equipas de nível de ensino. Atribuir alunos em risco a um especialista em intervenção. Recolher dados de acompanhamento dos progressos dos alunos intervencionados. Implementar o rastreio e a recolha de dados em toda a escola (ou seja, dados de crescimento NWEA recolhidos duas vezes por ano).
Ano 2	Ajustar o currículo de modo a corresponder às tendências de aprendizagem dos alunos ao nível do ano escolar. Continuar o rastreio e a recolha de dados em toda a escola. Colaborar na tomada de decisões relativas ao ritmo do currículo e às intervenções, utilizando dados actuais e relevantes dos alunos. Apresentar dados actuais sobre a aprendizagem dos alunos por sala de aula durante as reuniões de colaboração da equipa. Discutir abertamente estratégias e opções de ensino.
Fase	*Elementos essenciais do alinhamento dos sistemas e estruturas (continuação)*
Ano 3	Os resultados essenciais orientam o currículo. As pontuações de domínio dos alunos orientam o ritmo e as estratégias de ensino. Estabelecer trimestralmente os parâmetros de referência do nível de ensino para a leitura e a matemática. Iniciar avaliações comuns. Utilizar medidas baseadas no currículo (CBMs) em reuniões de colaboração e discutir estratégias de ensino
Ano 4	Ajustar o currículo e o ritmo para atingir níveis elevados de aprendizagem dos alunos. Envolver os pais em conversas sobre dados. Incluir relatórios sobre o domínio dos resultados essenciais nos boletins de notas. Avaliar os dados de crescimento a meio do ano para todos os alunos. Identificar e acordar intervenções em cada nível de ensino para alunos de nível baixo, médio e alto que não estejam a atingir o objetivo de crescimento.

Rubrica 2. Alinhamento de sistemas e estruturas conceitos básicos subjacentes

No quinto ano, chegámos a um consenso sobre uma definição clara do sucesso dos alunos, com resultados e objectivos de proficiência para orientar o nosso trabalho. Avaliámos de forma consistente os resultados de crescimento a meio do ano de todos os alunos da nossa escola. As discussões da equipa nas reuniões de dados abordaram as necessidades de aprendizagem de todos os alunos, por vezes visando especificamente os alunos de média e alta média que não estavam a crescer ao ritmo previsto. Foram criadas e implementadas intervenções na sala de aula e ao nível do ano letivo que se centravam no crescimento de todos os alunos de acordo com o objetivo; já não se tratava apenas de remediar os alunos com dificuldades. A estrutura RTI incluía agora todos os níveis de alunos.

Nenhuma reforma é efectuada sem uma liderança dedicada. Uma amostra de acções de liderança dignas de nota, necessárias para alinhar sistemas e estruturas, é a seguinte

- Passar da liderança individual para a liderança colectiva.
- Apoiar iniciativas fundamentais como o levantamento e a identificação de resultados de aprendizagem essenciais.
- Alinhamento dos objectivos de nível de ensino na escola.

A rubrica completa para o alinhamento de sistemas e estruturas inclui secções sobre elementos de trabalho em equipa, desenvolvimento do pessoal fornecido e acções de liderança necessárias para apoiar o trabalho desta parte do processo de implementação.

Terceiro tema: Cultura de melhoria contínua

O terceiro tema abrangente que emergiu na nossa investigação do processo de implementação da IDI é a adoção de uma mentalidade de melhoria contínua. Uma citação bastante humorística de Albert Einstein capta a nossa aprendizagem nesta área: "Não podemos resolver os problemas utilizando o mesmo tipo de pensamento que utilizámos quando os criámos."

No início do processo de implementação, apercebemo-nos de que a liderança da escola, tanto do diretor como dos professores, tinha de apoiar aberta e ativamente os esforços dos professores para melhorar a implementação das melhores práticas de ensino no núcleo central e, ao mesmo tempo, garantir intervenções suplementares e intensivas de alta qualidade. Muitas das práticas tradicionais não eram más enquanto práticas em si mesmas, mas já não estavam a satisfazer as necessidades de aprendizagem e sociais dos nossos alunos. Estas tradições tinham de mudar. Os professores precisavam de apoio para desafiar corajosamente e mudar práticas que, nalguns casos, estavam em vigor há décadas.

Sabemos que, por mais prometedora que seja uma prática de ensino, os professores não serão especialistas em aplicá-la de imediato. Os professores e a direção administrativa têm de fomentar e apoiar uma abordagem do tipo "experimentar e ajustar" no que respeita às mudanças pedagógicas. É necessário um plano plurianual de melhoramentos pedagógicos, com a consciência de que serão necessários ajustamentos ao longo do percurso. A nossa rubrica relativa à melhoria contínua capta as nossas experiências numa dimensão desta mudança de cultura. Passámos, ao longo do tempo, de um modelo de ensino de sala de aula autónoma para uma abordagem colaborativa e flexível de ensino e apoio a todos os alunos.

Fase	***Elementos essenciais para adotar uma mentalidade de melhoria contínua***
Inicial	Coordenar uma série de salas de aula autónomas. Funcionam segundo modelos escolares tradicionais, tais como horários especializados organizados em torno do planeamento dos adultos e preparativos organizados para satisfazer necessidades pessoais e de formação. Fornecer serviços de intervenção em grupos de apoio.
Ano 1	Estabelecer preparativos comuns no calendário principal para todos os níveis de ensino. Piloto de agrupamento flexível ao nível do ano escolar por escolha Continuar o ensino especial e os serviços de intervenção como programas isolados. Intervir no modelo de arranque.
Ano 2	Designar preparativos comuns para o planeamento colaborativo. Implementar o agrupamento flexível implementado em todos os níveis de ensino para o ensino da leitura e da matemática. Intervenções-piloto push-in e teaming em alguns níveis de ensino. Surge o ensino colaborativo. As estratégias e opções de ensino começam a ser discutidas durante as reuniões de colaboração.
Ano 3	Acrescentar professores de educação especial e de intervenção ao agrupamento flexível em todos os níveis de ensino. O planeamento colaborativo e o push-in tornam-se típicos. O agrupamento flexível é a norma. Piloto de co-ensino no núcleo por opção.
Ano 4	Integrar todo o pessoal, incluindo os professores de educação especial, de intervenção e de apoio, nas equipas de nível escolar. Misturar a composição dos grupos de intervenção com base nas necessidades específicas dos alunos. O co-ensino e o coaching colegial são utilizados com frequência. Alargar o modelo de intervenção utilizando grupos de vários níveis de ensino, se necessário.

Rubrica 3. Adoção de uma mentalidade de melhoria contínua conceitos básicos subjacentes

O pessoal da nossa escola chegou a um ponto em que a colaboração era agora a norma. A nossa prática pedagógica foi-se alterando para incluir os modelos que melhor respondiam às necessidades dos alunos. A utilização flexível do pessoal docente e a atribuição sensata de recursos, como o tempo, foram integradas no planeamento de rotina e no ajustamento dos serviços de intervenção. A nossa tendência positiva nos resultados de desempenho dos alunos está diretamente relacionada com os ajustes que o pessoal fez ao longo de cada ano letivo aos modelos e práticas de ensino utilizados para satisfazer as necessidades dos alunos à medida que surgiam na nossa escola.

Alguns exemplos de acções de liderança dignas de nota, necessárias para adotar uma mentalidade de melhoria contínua, são

- Compreensão das melhores práticas de liderança e aprendizagem.
- Criar uma visão convincente e partilhada.
- Criar equipas e envolver vários líderes de professores.
- Manter conversas difíceis para apoiar iniciativas de melhoria e desafiar o status quo.

A rubrica completa para a adoção de uma mentalidade de melhoria contínua inclui secções sobre elementos de trabalho em equipa, desenvolvimento do pessoal fornecido e acções de liderança necessárias para apoiar o trabalho desta parte do processo de implementação.

Limitações deste estudo

A aplicação direta dos resultados deste estudo, como em todos os estudos de caso, está limitada ao caso em análise. As tendências que emergiram do diálogo colegial, da reflexão colaborativa e da narração de histórias (a metodologia escolhida para este estudo de investigação) são partilhadas para inspirar a consideração ponderada e reflexiva de outros profissionais envolvidos num processo de implementação de RTI. Práticas reflexivas como esta irão melhorar o processo de implementação, bem como a aprendizagem profissional dos educadores que trabalham na reforma escolar. À medida que outros profissionais se envolverem numa avaliação reflexiva semelhante dos seus esforços de reforma escolar, esperamos comparar os padrões emergentes para ver se e onde as tendências se relacionam, alargam e contradizem os resultados deste estudo.

Pouco depois de o processo de implementação de 5 anos ter sido concluído, foi implementada uma mudança significativa nos limites do distrito, o que teve um impacto significativo na composição do corpo discente desta escola, interrompendo a recolha de dados e impedindo um estudo e análise futuros do impacto a longo prazo que a implementação das IDI teve nesta escola.

O documento NASDE Blueprint, identificado como um recurso neste estudo, apresentou as três áreas temáticas da implementação da RTI como sendo sequenciais, representando mais fases do que tópicos do processo de implementação (NASDSE & CASE, 2008). As nossas histórias reflectem um processo de implementação muito mais confuso. As nossas narrativas reflectem um enfoque contínuo nos três temas: a construção de uma cultura de colaboração, o ajuste de sistemas e estruturas, e a incorporação de uma mentalidade de melhoria contínua, que ocorrem em simultâneo ao longo do processo de implementação. É necessária mais investigação narrativa sobre a implementação do RTI para compreender melhor esta dimensão do processo de implementação.

Capítulo 5

Alargar a utilização do quadro RTI

Para finalizar, esta investigação leva-nos a resumir os entendimentos comuns e as recomendações gerais a serem consideradas pelas equipas de liderança escolar envolvidas na implementação de um quadro de RTI para garantir o sucesso de todos os alunos de uma área escolar.

Em primeiro lugar, *agir*. Comece por algum lado, mas comece. A implementação da RTI é confusa e conduzirá a mudanças sistémicas numa escola ou distrito. Não existe um primeiro passo claro. O nosso conselho é que veja em que ponto se encontra a sua escola nos três elementos-chave, cultura de colaboração, sistemas e processos e mentalidade de melhoria contínua, e depois tome medidas para melhorar em cada área. Basta começar e continuar a avançar.

Em segundo lugar, *adotar uma perspetiva de longo prazo.* Este projeto de investigação partilha as histórias de reflexão da equipa de liderança de um processo de implementação de 5 anos e continua a evoluir atualmente. A implementação de uma estrutura RTI não é uma solução rápida e fácil. É um processo duradouro e eficaz que produzirá os resultados desejados na sua escola, níveis mais elevados de aprendizagem para *todos os* alunos e uma melhor cultura e clima para o pessoal, alunos e pais.

Em terceiro lugar, *o processo é a chave.* Trabalhar coletivamente para construir um conhecimento partilhado e a adesão de todos os intervenientes foi o que nos levou a criar as ferramentas, os processos e os apoios de que o nosso pessoal e a comunidade escolar necessitavam para adotar a estrutura RTI. A melhoria sistemática, direcionada e colaborativa da escola é um processo que requer tempo e atenção por parte da liderança da escola, tanto dos líderes administrativos como dos professores. O seu processo será um pouco diferente. As suas ferramentas e sistemas de intervenção também serão um pouco diferentes. Mas, com uma atenção cuidada ao processo de estabelecimento de uma estrutura RTI na sua escola, os seus resultados serão muito semelhantes.

Finalmente, *a liderança partilhada* é o motor da implementação eficaz do RTI. A liderança partilhada capacita o seu pessoal a querer fazer a diferença para os seus alunos, melhorando a prática de ensino e as práticas de ensino em todas as salas de aula da escola. Todo o esforço no processo de implementação do RTI está focado em servir melhor cada criança e família na comunidade escolar.

Os princípios educativos da RTI são sólidos. A nossa luta não é a de nos envolvermos ou não numa reforma educativa centrada no sucesso para todos. Em vez disso, é descobrir como se envolver efetivamente nesta mudança (Allington & Cunningham, 2007).

A implementação bem sucedida da RTI é extremamente importante para os esforços em curso para melhorar a educação de todas as crianças na América. Este estudo de investigação documenta os esforços de uma escola envolvida numa iniciativa de melhoria escolar para atingir este objetivo. Pode ver nas provas e experiências partilhadas que repensar e reestruturar as escolas resulta, de facto, numa mudança de sistema que conduz a resultados positivos.

A implementação do processo RTI não é um empreendimento para um dirigente escolar tímido. Não existe uma receita a seguir que conduza a uma nova estrutura escolar eficaz, sem esforço, fácil ou simples. E nenhum sistema de reforma escolar é perfeito. De facto, o trabalho é bastante confuso e leva frequentemente a recálculos e mudanças de direção, mas isso não pode dissuadir os líderes das comunidades escolares de o implementarem. O modelo RTI é um novo modelo, uma nova estrutura e um novo quadro para a educação americana. As limitações das versões actuais do RTI não devem de modo algum ser consideradas como falhas fatais. Pelo contrário, reflectem o facto de que o RTI é um novo modelo que, naturalmente, está a passar por uma rápida mudança e crescimento, à medida que os investigadores e os profissionais o alargam para ir ao encontro das necessidades prementes das escolas (Wright, 2007).

Marzano (2005) refere três comportamentos de liderança importantes, necessários tanto para a mudança de primeira como de segunda ordem: monitorizar e avaliar programas, articular e liderar por crenças, e conhecimento do processo de avaliação do currículo-instrução (Marzano, Waters, & McNulty, 2005). Os educadores dispostos a envolver-se num processo de reestruturação da sua escola em torno de uma estrutura RTI devem monitorizar a eficácia do programa e avaliar a sua escola em termos de resultados de aprendizagem dos alunos. Isto levará inevitavelmente a acções tomadas pelos líderes e equipas de liderança, para alinhar os sistemas e estruturas dentro da escola para melhor atender às necessidades de todos os alunos. Cada ação deve refletir as convicções dos líderes, fortemente defendidas e consistentemente articuladas, sobre níveis elevados de aprendizagem para todos os alunos. Para que as escolas se concentrem em níveis elevados de aprendizagem para todos, os líderes devem ser conhecedores do processo de aprendizagem e instrução. Esta compreensão profunda do papel do alinhamento do currículo, da instrução de qualidade e do empenhamento na resposta aos resultados da avaliação é essencial para se tornar o líder de instrução de que as escolas precisam atualmente.

Todos estes processos desafiarão a cultura tradicional comum em muitas escolas actuais e substituí-la-ão por uma cultura que seja colaborativa, altamente eficaz nas práticas de ensino e centrada no aluno (Allington & Cunningham, 2007). Criar e manter sistemas escolares que estejam estruturados para atingir níveis elevados de aprendizagem para todos os alunos é um sonho realizável. Para tal, é necessário proceder a uma reforma. Descobrimos que o RTI é um modelo eficaz de reforma escolar, que nos ajudou a começar a concretizar o nosso ideal de educação para todos.

Referências

Adorisio, A. (2009). *Contar histórias nas organizações: Da teoria à investigação empírica*. Inglaterra: Palgrave Macmillan.

Allington, R. L. & Cunningham, P. M. (2007). *Escolas que funcionam: Onde todas as crianças aprendem a ler e a escrever*. Boston, MA: Pearson Education Inc.

Brown-Chidsey, R. & Steege, M. W. (2005). *Resposta à intervenção: Principles and strategies for effective practice*. Nova Iorque, NY: Guilford Press.

Convoy, M. (2010). *Uma abordagem ética para liderar a mudança: Uma aplicação alternativa e sustentável*. Inglaterra: Palgrave Macmillan.

Creswell, J. W. (2013). Investigação qualitativa e conceção de investigação: Choosing among five approaches (3ª ed.). Thousand Oaks, CA: Sage.

Marzano, R. J., Waters, T., & McNulty, B. A. (2005). School leadership that works: Da investigação aos resultados. Alexandria, VA: ASCD.

Associação Nacional de Diretores Estaduais de Educação Especial (NASDSE) e Conselho de Administradores de Educação Especial (CASE). (2006). Resposta à intervenção (white paper sobre RTI). Alexandria, VA.

Associação Nacional de Diretores Estaduais de Educação Especial (NASDSE) e Conselho de Administradores de Educação Especial (CASE). (2008). Resposta à intervenção, projectos para implementação, nível do edifício escolar.

Alexandria, VA.

Guia Prático do Instituto de Ciências da Educação. (2009). Ajudar os alunos com dificuldades na leitura: Resposta à intervenção e intervenção em vários níveis. Departamento de Educação dos EUA. NCEE 2009-4045.

Stewart, C. (2009). *Abstração de uma medida multidimensional das comunidades profissionais de aprendizagem: O desenvolvimento e a validação da Comunidade de Aprendizagem Indicador de Cultura (LCCI).* Departamento de Liderança e Fundações Educacionais, Universidade Brigham Young. dezembro de 2009.

Winkle-Wagner, R., Hunter, C. A., & Ortloff, D. H. (2009). *Bridging the gap between theory and practice in educational research*. Inglaterra: Palgrave Macmillan.

Wright, J. (2007). *Kit de ferramentas RTI: Um guia prático para as escolas*. Port Chester, NY: Dude Publishing.

Printed by Books on Demand GmbH, Norderstedt / Germany